¿PODEMOS AYUDAR?

NIÑOS QUE AYUDAN A SUS COMUNIDADES

George Ancona

traducido por
TERESA MLAWER

CANDLEWICK PRESS

Text and photographs copyright © 2015 by George Ancona
Translation by Teresa Mlawer, copyright © 2019 by Candlewick Press

All rights reserved. No part of this book may be reproduced, transmitted, or stored in an information retrieval system in any form or by any means, graphic, electronic, or mechanical, including photocopying, taping, and recording, without prior written permission from the publisher.

First edition in Spanish 2019

Library of Congress Catalog Card Number 2018960461

ISBN 978-0-7636-7367-3 (English hardcover)
ISBN 978-1-5362-0297-7 (English paperback)
ISBN 978-1-5362-0298-4 (Spanish paperback)

20 21 22 23 APS 10 9 8 7 6 5 4 3 2

Printed in Humen, Dongguan, China

This book was typeset in Maiandra.

Candlewick Press
99 Dover Street
Somerville, Massachusetts 02144

visit us at www.candlewick.com

¿Podemos ayudar?

¡Claro que sí!

Puedes ayudar a tu familia, a un vecino o incluso a una persona que no conoces. Si alguien tiene hambre, puedes conseguirle algo de comer. Si tiene frío, puedes hacerle un gorro o una bufanda. Y si se siente solo, puedes leerle una historia.

Puedes hacerlo tú solo, con un amigo o amiga o con tu familia. ¡Existen diferentes grupos que ayudan a personas necesitadas! Puedes trabajar con uno de estos grupos. Ayudar a los demás te hará sentir bien.

Las personas que no tienen hogar necesitan refugio, comida y ropa. Con frecuencia, granjas, comercios, organizaciones religiosas y escuelas donan alimentos y ropa a los refugios. Estos estudiantes tejen gorros y bufandas para familias desamparadas y personas necesitadas.

Los niños utilizan telares de plástico redondos e hilos de muchos colores para tejer los gorros. Para las bufandas, Amelia utiliza solo una parte del telar. Sara usa agujas de tejer rectas.

Hacer un gorro o una bufanda toma alrededor de una semana. Jack estira la bufanda para ver qué larga es. Cuando Campbell termina de tejer el gorro, se lo prueba. Cuando acaban, los estudiantes modelan sus creaciones satisfechos de saber que servirán para que muchas personas no pasen frío.

Una granja comunitaria cultiva productos agrícolas para donarlos a organizaciones que ayudan a personas que no tienen suficiente para comer. Hombres, mujeres y niños trabajan de voluntarios y siembran, cultivan y cosechan frutas y verduras.

Cuando llega el momento de la cosecha, muchas familias acuden invitadas para ayudar. Mayores y pequeños recorren hilera por hilera recolectando los productos.

Enseguida, las carretillas, cajas y cestos se llenan con cientos de tomates, zanahorias, calabazas, pepinos, fresas y otras frutas y verduras.

Dominic y su mamá lavan las zanahorias recién recogidas. Luego, estos productos son enviados a comedores comunitarios y refugios de la comunidad.

Food Depot es el lugar donde se almacenan los alimentos que han sido donados por los granjeros, los supermercados y las tiendas de comestibles. Los alimentos se guardan en una enorme bodega refrigerada para luego ser distribuidos.

Muchas familias se encargan de llenar bolsas plásticas con alimentos que luego serán distribuidas entre personas que no tienen suficiente para comer.

Cada niño coge ocho ciruelas de una enorme caja de cartón y las echa en una bolsa plástica. Katelyn encuentra una ciruela en mal estado y la echa en otro barril.

Después, las bolsas se colocan en grandes cajas de cartón para luego ser entregadas a las organizaciones a las que las personas necesitadas acuden. Las escuelas reparten bolsas a los niños que no tienen suficiente comida en sus casas.

Para celebrar un trabajo bien hecho, los niños cubren la caja con una tapa y se divierten tocando el tambor.

Otro día, los voluntarios empacan bolsas con refrigerios donados para las escuelas. Se reparten entre los estudiantes cuyos padres no están en casa cuando regresan del colegio. Así tendrán algo de merendar por la tarde.

Elan desempaca una de las muchas cajas con diferentes refrigerios. Selecciona uno de cada uno y los mete en una bolsa.

Rosie cierra cada bolsa con un nudo, y después Elena las coloca en las cajas que serán enviadas a las escuelas.

Las niñas trabajan juntas para cerrar y poner etiquetas a las cajas. A continuación, las colocan en una plataforma. Una vez llena, un montacargas transportará la plataforma a un almacén refrigerado.

Elena baila luciendo un disfraz que ella misma se ha hecho con cajas vacías.

Kitchen Angels es una organización que provee comida caliente a personas que no pueden valerse por sí mismas. Varios voluntarios preparan las comidas y las empacan en bolsas individuales. Estas bolsas se colocan dentro de cajas aislantes para mantener la comida caliente hasta ser entregadas.

Otros voluntarios recogen las bolsas y las reparten en el vecindario. Todos ellos deben firmar cuando llegan, antes de iniciar su tarea. Molly y su papá entregan comida en diferentes casas. Ella tiene seis años y lleva realizando este trabajo desde que tenía cuatro.

Está oscuro y hace frío cuando Molly y su papá le entregan la comida al señor Louis, que no ve bien. El señor Louis siempre espera con alegría la visita de Molly y, por supuesto, su comida.

Durante las vacaciones de invierno, niños y adultos se reúnen para envolver regalos para las personas que reciben comida de Kitchen Angels. Phin trabaja con el señor Moore. En el otro extremo del salón, Kyle, su hermano Carlos y su mamá envuelven algunos regalos.

Samantha ata un bonito lazo a un regalo. Esta semana, los voluntarios entregarán los regalos de Navidad junto con las cenas.

Perros especialmente adiestrados pueden ayudar a personas con discapacidades físicas o mentales. Los cachorros empiezan su adiestramiento como perros de asistencia cuando apenas tienen dos meses. Se tarda aproximadamente dos años en entrenar un perro.

Primero, los perros de asistencia son adiestrados por un profesional. Pero más adelante, niños en edad escolar trabajan de voluntarios para que los perros se acostumbren a recibir órdenes de voces juveniles. Los perros aprenden alrededor de noventa palabras incluyendo sus nombres.

Anna es una adiestradora profesional que lleva los perros a una escuela del barrio. Comienza la clase asignando un perro a cada estudiante. Trata de emparejar un perro retozón con un niño activo o un perro tranquilo con un niño tímido. Cada estudiante se convierte en el adiestrador de su perro, y juntos forman un equipo.

Alex y Serena comienzan el entrenamiento atándose una bolsa a la cintura con galletitas para perros. Son pequeñas recompensas que les darán a sus perros si siguen bien las instrucciones. El perro de Ulysses es un labrador perdiguero de color negro. Los estudiantes comienzan por familiarizarse con su perro hablándole, rascándole o acariciándole.

Alex le cepilla los dientes a Hubbard y cuando termina, lo abraza. Max le cepilla el pelo a Blossom. Los perros aprenden instrucciones como: «Siéntate», «A la cama», «Izquierda», «Derecha», «Déjalo», «Dámelo», y muchas más.

Henry le enseña a Hula a abrir la puerta presionado un interruptor con el hocico.

Sophia premia a Tahiti por responder bien a su instrucción: «Abajo».

Cada perro lleva puesta una correa para que se mantenga cerca de su adiestrador. Un perro de asistencia debe poder acompañar a su dueño a supermercados o tiendas para hacer compras. Uli adiestra a Riley desde una silla de ruedas para que Riley se acostumbre a caminar al mismo paso.

Geneva pasea a Hubbard dentro del edificio de la escuela. Después caminan alrededor del patio del recreo. Cada adiestrador y su perro se mueven, se sientan o se acuestan . . . los dos a la vez.

Durante el proceso de adiestramiento, las personas discapacitadas se familiarizan con los perros. Pero es el perro el que elige a la persona con quien pasará el resto de su vida. Durante la ceremonia de graduación, el estudiante adiestrador le hace entrega de su perro al nuevo compañero.

Algunos voluntarios ayudan a personas con discapacidades físicas a esquiar en la nieve. Gavyn y su papá lo llevan haciendo desde hace ya varios años. Ayudan a personas como Mike, que va en silla de ruedas. Los sábados, durante los meses de invierno, los padres de Mike lo llevan a la montaña. Con la ayuda de Gavyn, lo levantan de la silla de ruedas y lo sientan en una silla de esquiar. Luego, Gavyn, un instructor profesional, y Mike ascienden a la cima de la montaña en un telesilla.

Una vez en lo alto de la pendiente, Gavyn utiliza los mangos de empuje para controlar la dirección. El instructor sujeta dos largas correas para más seguridad. Entonces se deslizan cuesta abajo junto a muchos otros esquiadores.

Después de una hora y media de deslizarse una y otra vez cuesta abajo, Mike y Gavyn sonríen felices.

La primavera está por llegar. Hace dos años, residentes de este pueblo plantaron arbustos a lo largo del río. Las raíces de los arbustos ayudan a que la tierra se mantenga firme y que no se la lleve el agua. Gio y su papá, Leonardo, plantaron cien álamos a lo largo de la ribera de su pueblo.

Pero algunos años, el río no tiene agua debido a grandes sequías. Los árboles jóvenes no reciben suficiente agua; ni siquiera cuando se abren las presas para que esta corra río abajo.

Gio, su papá, Ciela, Felix, Oliver, Zubin y Wyatt han ido al río para recoger agua en cubos o recipientes de plástico. Una vez llenos, los llevan a los sedientos árboles vertiendo el agua en un pequeño pozo en la base de cada uno de ellos.

Cuando Ciela echa el agua, aparecen burbujas. Eso quiere decir que el suelo absorbe el agua. El equipo de jóvenes trabajadores se desplaza por la orilla del río hasta regar todos los árboles.

Antes de regresar a casa a almorzar, los niños se divierten lanzando piedras. Después de tres semanas, los retoños comienzan a brotar en las delicadas ramas. Los árboles han sobrevivido a la sequía, y la primavera ha llegado para el disfrute de todos.

Algunas escuelas tienen programas de tutoría. Los estudiantes de esta escuela intermedia ayudan a los de la escuela primaria con sus tareas. Una vez por semana, después de que terminan las clases, los estudiantes de primaria van a la escuela intermedia donde los estudiantes tutores los esperan. Se reúnen en la sala de teatro, repleta de trajes y disfraces colgados por la pared y estanterías llenas de sombreros y accesorios. También hay tambores y pelotas de gimnasia dispersos por la sala.

Jennifer, la maestra, comienza con un juego para que los dos grupos se conozcan mejor. Una vez que ya saben sus nombres, se asignan los tutores a los estudiantes.

Emma le enseña a Kiara. Lucinda trabaja con Julian.

Graham asiste a Laila. Dominica ayuda a Lucas.

Los estudiantes más jóvenes reciben ayuda con las tareas de escritura y matemáticas. Después, leen libros y conversan sobre las historias. También hacen juegos de palabras.

Son las cinco, y es hora de regresar a casa, pero antes disfrutan de unos minutos de diversión. Graham se pone uno de los gorros de la estantería y comienza a tocar el tambor. Todos esperan ansiosos a que llegue la próxima semana.

El Club de Chicos y Chicas «ha adoptado» el camino que conduce a su club. El paisaje es precioso con las montañas cubiertas de nieve en la distancia. Una vez al mes, un grupo de niños recorre el camino para recoger la basura que la gente tira desde sus autos. Encuentran latas, botellas, bolsas, envoltorios y toda clase de basura.

Los chicos voluntarios se reúnen en el club para ir a buscar guantes y bolsas de basura. Entonces, se dispersan y trabajan a ambos lados del camino. Algunos se centran en las hondonadas, hacia donde suele caer la basura, mientras que otros trabajan cerca del pavimento.

La mayoría de la basura pequeña se echa en bolsas de plástico. Cuando encuentran algo grande, lo muestran como un trofeo. Aproximadamente después de una hora, llegan al final del camino, donde un letrero reconoce la labor que realizan los miembros del club. Un grito de júbilo atraviesa el aire. Un autobús recoge a los estudiantes y, junto con las bolsas de basura llenas, regresan al club.

Agradecimientos

Quisiera agradecer a las diversas organizaciones, escuelas, padres, educadores, coordinadores, niños y amigos en Santa Fe, New México, el haberme invitado a entrar en su mundo:
Kristen Mitchell de **Rio Grande School** y sus alumnos de segundo grado;
Roy Stephenson de **The Community Farmers**;
Jill Gentry de **Food Depot**;
Lauren LaVail de **Kitchen Angels**;
Linda Milanesi, Anna Wilder y Jodie Backensto de **Assistance Dogs of the West**;
La Mariposa Montessori School;
Gavyn y Stuart Pendleton del programa **Adaptive Ski**;
Gio y Leonardo Segura;
Perli Cunanan y Jennifer Love de **Santa Fe School for the Arts and Sciences**;
Donald Christy y Andrea Gallego de **Pueblo of Pojoaque Boys & Girls Club.**
Gracias también a Sue McDonald, quien investigó las fuentes, y a Molly Bradbury y Michelle Eckhardt, mis asistentes técnicas en este mi primer proyecto de fotografía digital.

Nota del autor

Crecí durante la Depresión. En una ocasión, cuando mi padre se quedó sin trabajo, no tenía suficiente dinero para pagar los quince dólares de la renta. El dueño vino y nos echó a la calle en pleno invierno: a mi papá, mi mamá, mi hermanita y a mí.

Cuando los vecinos se dieron cuenta, recaudaron dinero para pagar nuestro alquiler, y así pudimos regresar a nuestro apartamento.

Por eso, cuando mi editora Hilary Van Dusen me pidió que preparara este libro, le dije que sí. Quería mostrarles a los niños las diferentes maneras en que pueden ayudar a sus vecinos y a su comunidad..., y lo divertida que puede ser esta experiencia.

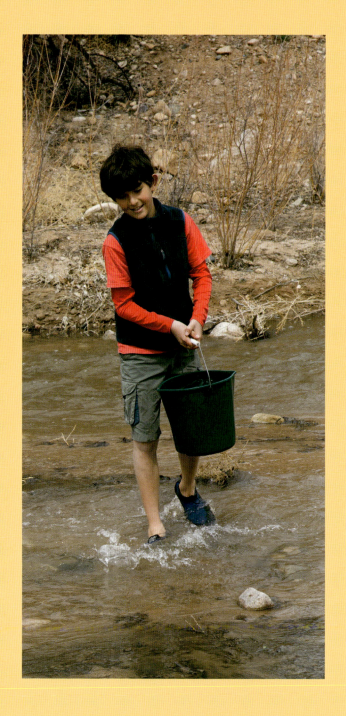